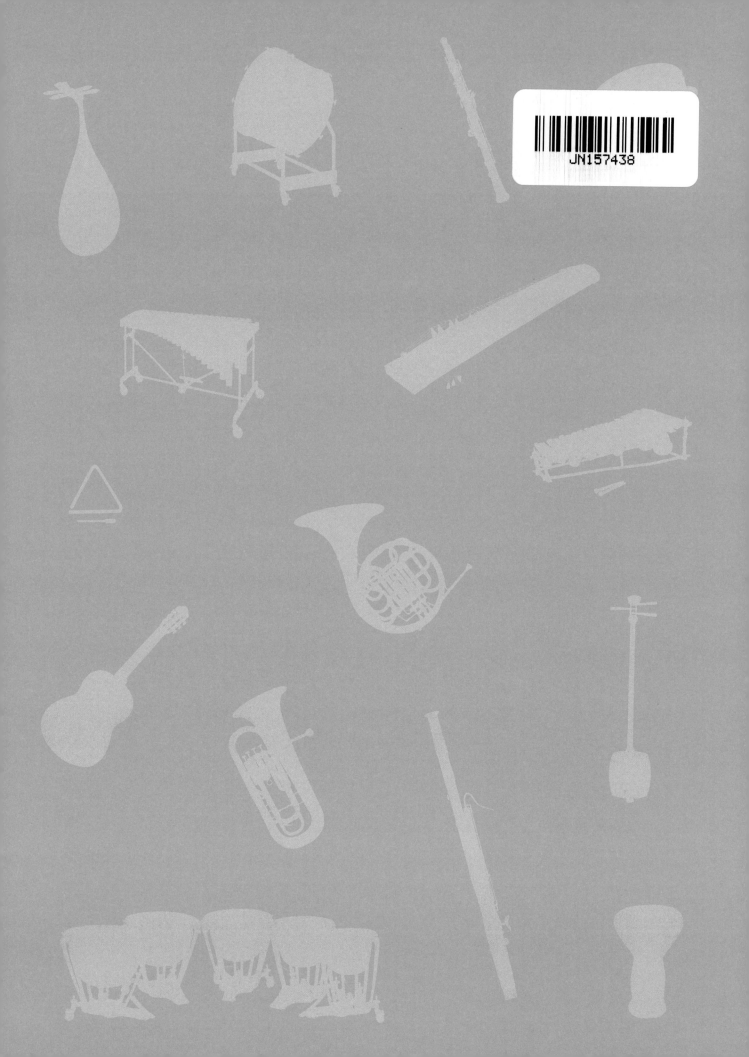

演奏者が魅力を紹介！

楽器ビジュアル図鑑 5

日本の楽器
箏　尺八　三味線ほか

監修 国立音楽大学／国立音楽大学楽器学資料館　　編 こどもくらぶ

はじめに

楽器は、はるか昔から現在に至るまで、実用や音楽演奏のために世界各地でつくられ、進化してきました。

それぞれの楽器は、形や構造、材質にさまざまな工夫がされていて、耳できくだけでなく、目で見ることでわかるおもしろさもたくさんあります。

このシリーズは次のように6巻にわけ、たくさんの写真をつかって世界と日本のさまざまな楽器の魅力にせまるように構成してあります。

1 弦楽器・鍵盤楽器　バイオリン　ピアノ　ほか
2 木管楽器　フルート　サクソフォン　ほか
3 金管楽器　トランペット　ホルン　ほか
4 打楽器・世界の楽器　ティンパニ　馬頭琴　ほか
5 日本の楽器　箏　尺八　三味線　ほか
6 いろいろな合奏　オーケストラ　吹奏楽　ほか

なお、このシリーズの特徴は次のとおりです。

- 小学校4年生〜中学校の音楽・器楽の教科書に掲載されている楽器を中心に紹介。
- 楽器の写真を大きく見開きで見せ、さらにユニークな構造部分をクローズアップして説明。
- 代表的な楽器は、音が出るしくみを図や写真でわかりやすく紹介。
- 演奏姿勢やアンサンブルなどの写真をたくさん掲載。
- それぞれの楽器の演奏者に、楽器の魅力をインタビュー。

もくじ

日本の楽器の見方、きき方……………4
笙　6
演奏者に聞いてみよう！（笙）………8
篳篥　10
龍笛　11
鞨鼓・楽太鼓・鉦鼓　12
尺八　14
さらにくわしく！　舞台芸能と楽器………16
琵琶　18
小鼓　19
大鼓　20
能管　21
箏　22
箏の演奏………24
箏のなかま………25
三味線　26
三味線の特徴………28
演奏者に聞いてみよう！（津軽三味線）………30
さらにくわしく！　日本の楽器と現代の音楽…32
大正琴　34
篠笛　35
長胴太鼓　36
桶胴太鼓　37
さらにくわしく！　さまざまな芸能の中の囃子…38
三線　40
南西諸島の打物　42
さらにくわしく！　沖縄、奄美の芸能………44
さくいん………46

この本のつかい方

この本では、日本の楽器について、楽器紹介、「演奏方法」「演奏者に聞いてみよう！」「さらにくわしく！」などの項目にわけ、紹介しています。

● 日本の楽器のアルファベット表記
楽器の名前をアルファベットで記しています。

● 楽器の分類
日本の楽器の伝統的な分類でわけています。分類法は5ページを参照してください。

● 楽器の名前

● 楽器の写真
写真を大きく掲載。楽器のひみつをクローズアップします。

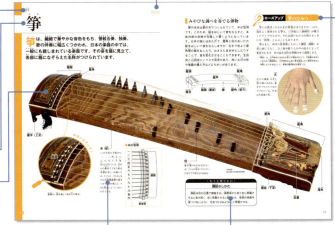

● 各部の名前
楽器の重要な部分の役割を知ることができます。

● もっと知りたい
各項目についてよりくわしい内容や関連することがらを紹介しています。

● 楽器のひみつ
楽器の音が出るしくみや音の高さ（音程）が変わるしくみなど楽器のひみつを解説しています。

● 演奏方法
楽器の構え方の基本や音を出すときのコツを写真で紹介しています。

● 演奏者に聞いてみよう！
演奏者に楽器の魅力やおすすめの曲をインタビューしています。

● なかまや特徴
昔の楽器や、なかまの楽器、それぞれの特徴などを写真で紹介しています。

● さらにくわしく！
日本の楽器の演奏をさらに楽しむための情報を掲載しています。

※ この巻では、1～3巻のように各楽器の音域を五線譜で示していません。日本の音楽やそこでつかわれる楽器の多くでは、それぞれ独自の記譜法がつかわれてきました（→p6）。そのようにして受けつがれてきた日本の楽器では、五線譜では示せない音の高さをつかうこともよくあり、また一度出した音を変化させたりしたときには、五線譜ではあらわしきれないことがあるからです。

日本の楽器の見方、きき方

日本の伝統的な音楽に親しんでもらおうと、音楽の授業で、日本の楽器を取りあげるようになりました。とはいっても、ふだんの生活の中でなじみ深いのは西洋の楽器がほとんどなので、「よくわからない」と感じる人もいるかもしれません。でも、生活スタイルが西洋化していても、まだ日本的な音楽の感覚が残っていることが、楽器を通して感じられます。

日本の楽器は自然に近い

日本では四季の区別がはっきりとあり、そのちがいを、五感を働かせながら味わう習慣があります。そのことは、音に対する感覚にもあらわれています。

うぐいすの声を待ちわびる早春、目にあざやかな緑の竹林に吹きわたる風を楽しむ初夏、セミしぐれが猛暑を際立たせる夏、落ち葉が音を立てて舞う秋……と、わたしたちは音の印象とともに季節を感じています。

このことは、日本人の音の感性と深くかかわっています。日本人の脳は、こうした自然の音を言語をつかさどる左脳で受けとめていて、このことが、日本の楽器の音色ともつながります。

たとえば、津軽三味線（→p30）では、絃をたたく技法がよくつかわれますが、これがなかったならば津軽三味線のおもしろさは半減してしまいます。雑音ぶくみの楽器の音が津軽三味線らしさなのです。

尺八（→p14）の演奏を見ると、奏者は首を振り、楽器本体に接するくちびるの角度や吹き口にあたる空気を加減します。このような技法によって、空気混じりの息の音を、楽器本体の発する音と同じぐらい目立たせて独特の表現にしているのです。尺八はさまざまな自然の音を吹きわけることのできる楽器です。

このような雑音ぶくみの楽音を不快に感じる日本人は、あまりいません。西洋音楽を中心にきいているようでありながら、津軽三味線や尺八の音も、少しは耳になじみがあるので、それなりに受けいれています。ふだんは意識しませんが、わたしたちは日本の楽器の音色を「きちんとわかっている」のです。

北海道の民謡、江差追分には尺八が欠かせない。波風の雰囲気を尺八（右）が盛りたてる。

耳になじみの深い西洋の楽器と共演する日本の楽器「津軽三味線」。

🔔 細部にこだわる日本人

　日本人の二面性は、別のところにもあらわれています。
　高品質の楽器を大量生産して世界に普及させ、電子楽器では日本のブランドがかなりのシェアを占めている、というのは、現代の日本らしい側面です。その一方で、伝統工芸を評価し、現代に生きのこらせようとするこの国らしく、古くからつかわれてきた楽器の細かいところにこだわる側面もいまだに残っています。
　そのことは、楽器を構成する素材のつかい方に典型的に見ることができます。たとえば26〜31ページにかけて登場する三味線は、日本の音楽でもっとも活躍する楽器です。民謡の伴奏、さまざまな芝居の音楽、純粋に鑑賞する器楽というように、演奏形態も多種多様です。かつての演奏家たちは、用途に応じて本体を形づくる木や皮の種類にこだわっただけでなく、ばちや駒の素材、形に多くのバリエーションを生みだしてきました。現代では人工の素材もつかわれていますが、「本物はやはり昔と同じ素材で」という意識が根強くあることも、いかにも日本の楽器だと感じさせてくれます。

長唄（→p17）の演奏風景。繊細な表現に合った細棹三味線がつかわれる。

津軽三味線（左）と長唄の細棹三味線。楽器の胴の大きさ、棹の太さ、ばちの形や素材、構え方にちがいがあることがわかる。

三味線や音楽のジャンル、用途によってつかいわけられるばち。大きさや形、素材に細かいちがいがある（→p29）。左から太棹の津軽三味線用のべっこうが入ったばち、おもに練習につかわれる細棹三味線（右の写真）の長唄用の木製ばち、同じ長唄用の象牙製のばち、太棹三味線の義太夫用の象牙ばち。

写真提供：国立音楽大学楽器学資料館

地歌舞伎*での義太夫（→p17）の演奏風景。力強い語りに合わせた太棹三味線がつかわれる。

写真提供（3点とも）：横井雅子

◆日本の楽器の分類

日本の楽器は、西洋楽器と同様に弦楽器、管楽器、打楽器にわけることもできますが、伝統的には「弾物（弦楽器）」「吹物（管楽器）」「打物（打楽器）」というわけ方をしてきました。この本では、それぞれの楽器に右の分類別アイコンをつけています。

弾物（弦楽器）	吹物（管楽器）	打物（打楽器）
絃（弦）をはじいて音を出す楽器。	吹いて音を出す楽器。	打って音を出す楽器。

*地方の素人によって演じられる伝統的な芝居。

笙（しょう）

Shō

笙は、日本の伝統音楽である雅楽＊でおもにつかわれる吹物。伝説の鳥である鳳凰がつばさを休めている姿にも見えることから、「鳳笙」ともよばれます。

■雅楽の特徴的な音色をつくる

笙は、奈良時代に中国から日本に伝わったとされています。伝統的な曲の中では単音で演奏されることはあまりなく、「合竹」とよばれる5～6音の和音による演奏が中心になります。息を吹きこんでも、吸いこんでも同じ音がなるため、息つぎによる音の途切れがないのも特徴です。

・もっと知りたい・
笙を温める作業

笙を演奏していると、息にまじる水蒸気が水分となり、そのままにしておくと簧（リード）に水滴がついて音の高さがくるい、音も出なくなる。これを防ぐため、演奏の前後には炭をおこした火ばちや電熱器などで、楽器を温め、かわかす。

電熱器の上で、笙を温めるようす。全体が均一に温まるように、笙を手の中でまわす。　　写真提供：伶楽舎／㈱文化工房

笙用の「越殿楽」の譜面。文字のように見える記号は指孔のおさえ方を示している。音をあらわすのでなく、演奏法の譜面であることがわかる。
写真提供：横井雅子

クローズアップ！

指孔（ゆびあな）
竹管の横に開いている穴。ならしたい竹管の指孔を指でふさぐと音が出る。

＊雅楽は奈良時代ごろからはじまって、現代まで伝わる日本最古の伝統音楽で、アジア各地から伝わった音楽と、日本古来の音楽とから成る（→p9）。

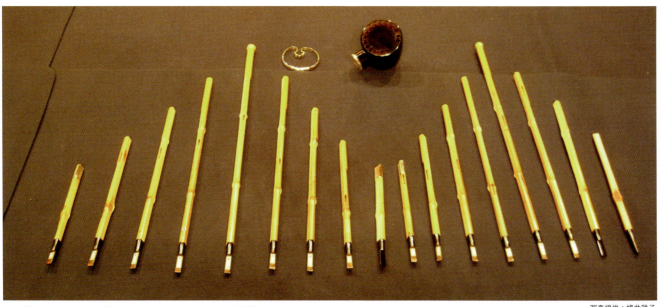

笙を分解したところ。簧（リード）がついていない竹管が2本ある（右から2本目の毛と9本目の也）。

写真提供：横井雅子

竹管
細長い竹の管。長さの異なる17本を、頭にさしこんで円状にたばねてある。竹管の名称は右図のとおり、千、十、下、乙、工、美、一、八、也、言、七、行、上、凢、乞、毛、比とならぶ。也と毛はリードがついていないため、音が出ない。

帯
竹管をまとめて固定している輪。

吹き口
くちびるをあてて息を吹きこんだり、吸いこんだりして音を出す。

頭、または匏
木でできたうるしぬりのうつわ。上部に竹管をさしこむ穴が開いている。

写真提供：国立音楽大学楽器学資料館

🔍 クローズアップ　笙のひみつ

竹管の一番下の部分には、金属製の簧（リード）がついています。指孔をふさいで息を入れたり出したりすると、簧がふるえて音が出ます。リードが自由に振動するので「フリーリード」とよばれ、ハーモニカにもつかわれています。

簧

X線撮影した笙の内部。

写真提供：国立音楽大学楽器学資料館

演奏者に聞いてみよう！

● 笙奏者
三浦 礼美 さん

東京都生まれ。国立音楽大学音楽学学科卒業。4歳よりピアノを、大学入学後、笙をはじめる。卒業と同時に雅楽演奏グループ伶楽舎に入り、その後、現在までグループの一員として活動を続けている。伶楽舎は2016年第16回佐治敬三賞を受賞した。国内外での演奏のみならず、全国の小中学校での公演やワークショップにも取りくんでいる。ムサシノ雅楽教室、雅の会・ふくしま講師。

photo by 竹原伸治

演奏者に聞きたい♪笙の魅力♪

Q 笙を選んだきっかけを教えてください。

A 大学で雅楽の授業を選択したことがきっかけです。雅楽とはどんなものなのかも知らないまま選択したのですが、はじめて聞く斬新な和音と、合奏のおもしろみ、そして伶楽舎の音楽監督である芝祐靖先生との出会いで、あっという間に虜になりました。

Q 笙を演奏するのに、どのような練習をしていますか？

雅楽の古典曲を演奏するには演奏技術を身につけることよりも、合奏の中で経験を積んでいくことのほうに時間がかかります。ちがう楽器との合奏時間をたくさんつくるようにしています。現代曲に取りくむときは、リズムや指づかいになれるまで、時間のゆるす限りくりかえし個人練習します。

Q 笙を演奏していて一番うれしかったことを教えてください。

ここ数年、笙のなかま3人で企画を立てて笙だけの演奏会を催しているのですが、終わったあとに尊敬する師匠から「よくがんばった」と声をかけてもらえたことはとてもうれしく、次に進む原動力になっています。

Q 笙を演奏していて大変なことを教えてください。

笙は温めないと演奏できない楽器で、温度・湿度の管理によって調子が変わってしまいます。いっぱい練習したために音がくるってしまうこともよくあります。演奏会の当日に楽器をいい状態にもっていくのはなかなか大変なことです。

Q 笙に向いている人（逆に向いていない人）は？

演奏前も、あとも温めなくてはいけない楽器であることからも、せっかちではなく、のんびりマイペースな人の方が向いているかもしれません。

写真提供：三浦礼美

笙を調律するための道具。右下の電熱器や右上の保温器をつかって温めながら、熱したコテで簧（リード）上のろうを取ったりのせたりする。

Q 笙の魅力を教えてください。

A 笙は管楽器でありながら和音を演奏できるまれな楽器です。音そのものもとても魅力的ですが、1000年以上前から形を変えずに伝えられてきた歴史を自分の手の中に感じるのも不思議な感覚です。

Q 今後の目標や夢を教えてください。

A 雅楽・笙の歴史はとても長くて、まだまだわからないことだらけです。もっと勉強して説得力のある音楽を奏でられるようになりたいです。そしていつか、わたしがきっかけで笙の演奏家になったという人が出てきたらうれしいなと思います。

Q 今まで笙を演奏してきたなかで印象に残っている舞台を教えてください。

A わたしがこの世界で演奏を続けていくきっかけとなった曲が武満徹作曲「秋庭歌一具」でした。1994年に八ヶ岳高原音楽堂で初舞台を踏ませていただき、2016年のオペラシティでの演奏は大きな賞をいただきました。国内外でこの曲を何度も演奏した思い出は大切な宝物です。

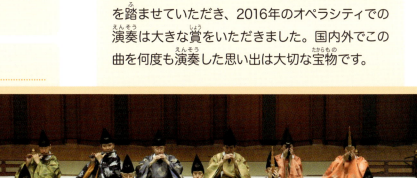

写真提供：伶楽舎

雅楽の古典曲を演奏しているときの舞台。前列に三鼓がならび、そのうしろに弾物（箏と琵琶）、吹物（龍笛、篳篥、笙）がならぶ。最後列の右端で演奏しているのが三浦礼美さん。

● おすすめの曲と ききどころ ●

①雅楽古典曲「盤渉調調子」
「調子」という曲は雅楽が持つ6つの調それぞれにあり、笙はフリーリズムで和音と単音が混ざったメロディーを奏でます。そのメロディーは古典という言葉が似つかわしくないくらいに斬新で、刺激的。いつまでもきいていたくなります。

②武満徹「秋庭歌一具」
雅楽の楽器を総勢29名で演奏する大曲です。秋庭とよばれる舞台中央のグループとそのまわりに配置された木魂がメロディーを受けわたしていくのですが、なかでも4楽章の笙がソロで演奏するパートはききほれます。

③一柳慧「時の佇まい」
4楽章からなる笙のソロ曲。メロディー、ハーモニーをさまざまな笙の奏法で織りなしていく、ききどころ満載な曲です。笙奏者ならばこの曲を完璧に吹きこなしたいと思うところですが、とても難しい曲でもあります。

好きな笙奏者

宮田まゆみ
笙という楽器を世界に知らしめた第一人者。古典曲の演奏のほかに、オーケストラとの共演や、現代音楽にも取りくみ、多彩な音楽表現を追求しています。ジョン・ケージ氏ほか、多くの現代の作曲家が宮田さんのために曲を書いています。1998年の長野オリンピック開会式では「君が代」を演奏しました。

豊英秋
古くから雅楽を家業とする楽家に生まれ、宮内庁楽部において主席楽長を務めたのちも、笙、箏を演奏し、右舞を舞い、古代歌謡を歌い、さらには後進の指導にも広くあたっています。CD「喜瑞」は多くの雅楽ファン必聴の1枚となっています。

篳篥
Hichiriki

篳篥は、笙や龍笛と合わせて雅楽（→p6）の「三管」とよばれる楽器です。音域が約1オクターブとせまいのですが、音量が大きく、音にも変化をつけられるので、雅楽の主旋律を担当する楽器です。

■ 主旋律を奏でる独特な演奏方法

篳篥は、奈良時代に中国から伝わったとされます。管本体にたいして、音を出すための蘆舌（リード。舌ともいう）がかなり大きい篳篥は、蘆舌のくわえ方や吹きこむ息の強さによって、同じ指孔をおさえていても異なる高さの音を出せます。このなめらかに音高を変える演奏法を「塩梅」といいます。

責
蘆舌を固定する役目。

蘆舌、舌
葦でできたリード。筒状の葦の片端をつぶして重なるように平らにして息を吹きこむ部分をつくる。その結果、ダブルリードとなり、これを振動させてならす。蘆舌は、日本茶に浸して吹き口を開かせてつかう。

図紙
蘆舌の下の部分には何重にも和紙が巻いてあり、この部分を管にさしこむ。

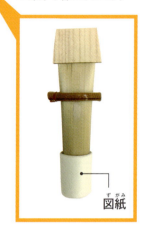
図紙

管
うるしをぬった竹の筒で、上から下にむかって細くなる。指孔以外の部分には、桜の木の皮でつくったひもが巻かれている。

指孔
たて長のだ円形で、下にいくほど小さくなっている。表側上から丁、一、四、六、几、工、五。裏側上から上、無とよぶ。

写真提供：
国立音楽大学
楽器学資料館

篳篥をしまう扇型のケース。扇子を開くように、ふたを横にずらして開ける。内側にもきれいに装飾がほどこされている。

写真提供：
国立音楽大学楽器学資料館

龍笛

Ryūteki

龍笛は、横にかまえて吹く管楽器で、「横笛」ともよばれます。その音色が龍のなき声にたとえられることから、この名がついたといわれます。

管頭
こちらの端はふさがれている。また、歌口より管頭寄りの部分に鉛の棒が入っており、大きな音が出るように工夫されている。

歌口
ここに下くちびるをおしつけ、強く息を吹きこんで音を出す。

篳篥とともに旋律を担当

奈良時代に、中国から伝わったとされる龍笛。和楽器の中でもとくに音域が広く、息の吹きこみ方や指孔の開け方などによって、音の高さを変えることができます。篳篥の奏でる主旋律に合わせて旋律を担当しますが、ほとんどの曲が龍笛の独奏からはじまるため、雅楽演奏では重要な役割をになっています。

指孔
歌口に近い3つを左手で、残りの4つを右手でおさえる(p9の写真後列左を参照)。指孔が大きいので、指先ではなく、指の腹、または第2関節と第3関節のあいだでおさえる。指孔は歌口に近い方から六、中、夕、上、五、干、次とよぶ。

写真提供：
国立音楽大学
楽器学資料館

尾
こちらの端はふさがれていない。

• もっと知りたい •
神楽笛と高麗笛

雅楽には龍笛のほかに、横笛として神楽笛と高麗笛がある。神楽笛はその名前のとおり「御神楽」につかわれ、龍笛より音域が少し低いやわらかい音色。日本生まれで、日本のレパートリーにつかわれるので「大和笛」ともよばれる。
高麗笛は朝鮮半島から伝わったとされ、澄んだ鋭い音が出る。かつてあった国の名前(高麗)がつけられていて、朝鮮半島から伝わったジャンルの曲を演奏するのにつかう。

鞨鼓・楽太鼓・鉦鼓

Kakko, Gakudaiko, Shōko

雅楽（→p6）の器楽合奏で用いられる打物には、鞨鼓、楽太鼓、鉦鼓があります。この3つをまとめて「三鼓」といいます。

鞨鼓

■ 雅楽合奏の指揮者のような存在

鞨鼓は、台にのせて演奏者の前に横むきに置き、両手に持ったばちで演奏します。演奏法には、右のばちで1回打つ「正」、片方のばちでしだいに速くなるよう連続して打つ「片来」、両手のばちで交互に、だんだん速く打つ「諸来」があります。曲をはじめる合図を出したり、曲の速さなどを統率したりと、合奏のリーダー的な役割をにないます。

火焔かざり
輪台の上には、ほのおをかたどったかざりがつけられている。

皮面
ぴんとはって鋲でとめられた皮面には、金地に色あざやかな絵が描かれている。

胴
楽太鼓の胴の幅はせまい。

鼓面
鉄の枠に牛や馬の皮をはったもの。

小調べ
大調べの張りぐあいを調整するために結ばれた組ひも。

大調べ
鼓面をぴんと張るための皮ひも。

胴
中央が少しふくらんだ形をしている。

写真提供：
国立音楽大学
楽器学資料館

ばち
先が細長いどんぐりのような形になっている。

楽太鼓

管絃の中央に位置する華やかな太鼓

楽太鼓は、管絃※では舞台の最前列の中央という、一番目立つ場所に位置します。演奏者は楽太鼓の後ろに座ります。左のばちでやや弱く打ち（図）、次に右のばちで強く打つ（百）という演奏法が基本です。丸い枠に金具やひもで太鼓をつるすことから、「釣太鼓」ともよばれます。

※雅楽のうち、歌や舞をともなわない、楽器のみの合奏のこと。

ばち
先は皮を巻いた球形になっている。演奏をしないときには、輪台の両側についている輪にかけておく。

輪台

写真提供：
国立音楽大学
楽器学資料館

・もっと知りたい・
「三ノ鼓」

雅楽にはこれらのほかに「三ノ鼓」とよばれる打物がある。高麗笛（→p11）と同じく、朝鮮半島からの高麗楽の演奏につかわれる楽器で、胴の中央がくびれて砂時計のような形をしている。ばちは右手だけに持ち、片方の面しか打たないのも鞨鼓とちがう点だ。

写真提供：
国立音楽大学楽器学資料館

鉦鼓

雅楽唯一の金属楽器

「鼓」という文字がついていますが、鉦鼓はかねの一種です。舞楽につかわれる「大鉦鼓」と、管絃などにつかわれる「釣鉦鼓」があります（写真は釣鉦鼓）。ばちを鉦の中央に落として摺るように打つことから、「打つ」ではなく「摺る」といういい方が用いられます。演奏法には、片手で摺る「金（きん、またはちん）」と、両手でわずかにタイミングをずらして摺る「金金（ききん、またはちちん）」があります。

鉦
青銅でつくられ、ふちのついたお皿のような形をしている。

ばち
先に丸いふくらみがついている。

写真提供：
国立音楽大学
楽器学資料館

尺八(しゃくはち)

Shakuhachi

飛鳥(あすか)時代に日本に入り、ずっとあとの江戸(えど)時代ごろから庶民(しょみん)のあいだでも愛好(あいこう)されるようになった尺八(しゃくはち)。もっとも多くつかわれている楽器(がっき)の長さが一尺八寸(いっしゃくはっすん)（約(やく)54.5cm）であることから、「尺八(しゃくはち)」という名前になったといわれています。

■一本の竹から生みだされる奥深(おくぶか)い響(ひび)き

　尺八(しゃくはち)は、天然(てんねん)の竹の、根元に近い部分でつくられています。現在一般的(げんざいいっぱんてき)に見られる尺八(しゃくはち)は、根元から7節分(ふしぶん)の竹をつかい、内側(うちがわ)の節(ふし)を取りのぞいてつくられたものです。標準(ひょうじゅん)の一尺八寸(いっしゃくはっすん)のもののほか、短いと一尺三寸(いっしゃくさんすん)（約40cm）、長いと三尺(さんしゃく)（約(やく)91cm）とさまざまな長さがあり、長くなればなるほど低(ひく)い音を出せます。リード（→p7）はなく、歌口(うたぐち)のななめに切られた先端(せんたん)に息をあてるようにして音を出します。

さまざまな長さの尺八(しゃくはち)。右から4番目が標準(ひょうじゅん)の一尺八寸(いっしゃくはっすん)のもの。

写真提供：
国立音楽大学楽器学資料館

クローズアップ 尺八のひみつ

演奏者は、歌口のななめに切り落とされた部分をからだと反対側に向け、管の端を口の下におしつけながら息を吹きこみます。息の強さや流れこむ角度などで音を変えることができるため、演奏者は首を振ったり、くちびるの向きやあごにあてる角度を調節したりしながら、音をつくりだしています。

尺八は竹筒に指孔を開けただけのようなシンプルな楽器。その分、息や指のつかい方でさまざまに変化をつけられる。

もっと知りたい
古代からあった尺八

現在の雅楽の楽器ほど強調されないが、尺八も雅楽の楽器のひとつとして唐（現在の中国）から伝わった。当時は指孔もひとつ多く、竹だけでなく石でつくられたものもあった。このような古い尺八は正倉院や法隆寺に残されている。『源氏物語』の中にも「さくはちのふえ」という名前で出てくるが、この雅楽の尺八は、平安時代のあとにはつかわれなくなった。

歌口（うたぐち）
管の外側をななめに切り落としてつくられている。大変うすい部分があるため、補強のために象牙や水牛の角などをはめこんでいる。

上管（じょうかん）

指孔（ゆびあな）
表側下から一孔、二孔、三孔、四孔、裏側が五孔（裏孔）。

中継ぎ（なかつぎ）
もともとはひとつながりの竹でつくられていたが、現在の尺八は中央の「中継ぎ」とよばれる部分でふたつにわかれるようになっていて、その部分は桜の樹皮や金属の帯を巻いて補強されている。中継ぎで上管を下管にはめこんで一本にする。

下管（げかん）

管尻（かんじり）

写真提供：国立音楽大学楽器学資料館

さらにくわしく！
舞台芸能と楽器

日本は演劇や舞踊など舞台芸能が楽しい国です。「古典芸能」というと近寄りがたく感じるかもしれませんが、まるで現代のミュージカルやライブを先取りしたようです。目と耳で楽しめる総合的な芸能が昔から身近にあったのです。

中世のミュージカル？―狂言

子ども向けのテレビ番組に、狂言[*1]のいいまわしをうまくつかった言葉遊びの番組があります。昔の不思議な日本語と狂言独特のリズム感がマッチして、番組の中で、子どもたちは大よろこびでまねをします。

狂言と近い関係に能があります。音楽や楽器は能と共通しますが、狂言には、せりふの一部が「謡」という声楽にとけこんでいったり、時代ごとに流行した音楽を取りこんでいたりと、まるで現代のミュージカルのような面があります。

言葉の音楽的なあつかいもおもしろいのですが、能管、小鼓、大鼓、太鼓から成る「囃子」が謡や舞をはやし（＝引き立て）ます。囃子は楽器音だけでなく、タイミングをはかるためのかけ声を発し、囃子だけでなく演じる人や謡のきっかけもあたえています。楽器奏者のかけ声が指揮者のような役割を果たして、芝居が進行していくという、独特な役回りです。

*1 今から650年ほど前に生まれた舞台芸能のうち、芸術的で優雅とされる能に対し、こっけいで庶民的なお芝居。

能の「式三番」の後半に狂言方が演じる「三番叟」でも、囃子が舞を引き立てるようすが見られる。舞っているのは人間国宝の狂言師・野村万作さん（中央）。

写真提供：共同通信社／ユニフォトプレス

音が視覚を補強する—歌舞伎

歌舞伎*2は見せることに徹する特殊な舞台構造を持っています。正面の舞台だけでなく、客席を前後に貫く花道があり、背後からのせりふや、見ている観客のわきを役者がかけぬける足音が聞こえてきたりします。正面の舞台も、まわる部分や、上へとせりあがる機構を持ち、舞台の奥行や上下の空間を音で感じさせてくれます。さらに、役者が舞台から客席の天井に向かって飛翔する「宙乗り」は、まさに3Dです。

こうした舞台のつくりだけでも十分に楽しめるのですが、ここにいろいろな種類の三味線音楽がつかいわけられています。歌舞伎オリジナルの長唄*3、人形劇の文楽から引きついだ義太夫*4、踊りで登場する常磐津*5や清元*6など、「ごちゃ混ぜ」といってもよいぐらいたくさんの音楽が登場します。

さらに特徴的なのが「下座音楽(黒御簾、ともいう)」です。舞台下手(向かって左側)の見えないところで情景描写や効果音楽を演奏します。情景描写は今でいうBGM、効果音楽は自然現象を楽器で表現する、というものです。雨や風を楽器音に置きかえるのは、自然に近い音を出せる日本の楽器だからこそ、といえるかもしれません。

*2 江戸時代に生まれ、大人気となった舞台芸術。

*3 江戸で発展した歌舞伎のためにつくられた三味線伴奏による歌曲。それまでの三味線弾き語りを、唄方(歌い手)と三味線方(三味線奏者)に分け、さらに囃子もくわえて、華やかな劇場音楽につくりあげた。

*4 「人形浄瑠璃(文楽)」の脚本が元となった義太夫狂言でつかわれる音楽。「歌う」とはいわず「語る」といい、感情の高ぶりを、太棹とよばれる三味線の音とともに言葉に抑揚や旋律をつけて太夫が語る。

*5 歌舞伎舞踊の音楽。勇壮で豪快な曲調。

*6 歌舞伎舞踊の音楽。江戸文化全盛期の雰囲気を反映し、粋でしゃれた曲調。

撮影:横井雅子
下座音楽でつかわれる楽器の数かず(浜松市楽器博物館所蔵)。

撮影:横井雅子
新富座子供歌舞伎公演のようす。仮設舞台なので、下座音楽も観客から見える場所で演奏している。

琵琶（びわ）

Biwa

琵琶は、大きくふくらんだ胴を持つ楽器です。大きめのばちをつかい、複数の絃をかきならす演奏法を中心として、合奏のリズムをとる役割をになったり、語りの合間に音を響かせたりします。

時代とともにさまざまな種類が生まれた

奈良時代に雅楽とともに日本に入ってきたといわれる琵琶には、いくつかの種類があります。雅楽でつかわれる「楽琵琶」、盲目の僧が用いていた「盲僧琵琶」、琵琶法師とよばれる盲目の芸能者が『平家物語』を語り歩くとき伴奏に用いていた「平家琵琶」、江戸時代に薩摩藩（現在の鹿児島県）の武士たちに演奏された「薩摩琵琶」、明治時代に誕生した「筑前琵琶」などです（右の写真は楽琵琶）。持ち運びに便利なように小型であったり、ばちの形が変わっていたりと、それぞれに異なる特徴があり、かまえ方や演奏方法なども異なっています。

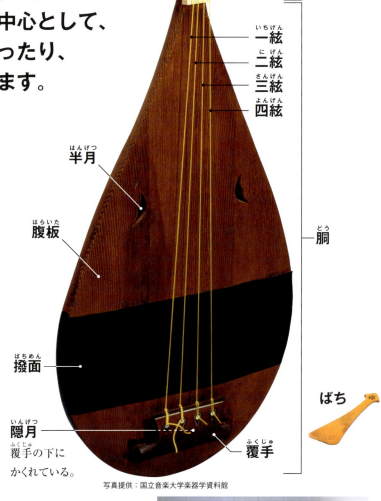

海老尾／転手／反手／頸／柱／一絃／二絃／三絃／四絃／半月／腹板／撥面／隠月（覆手の下にかくれている。）／覆手／胴／ばち

写真提供：国立音楽大学楽器学資料館

盲僧琵琶。背中にせおって持ち運ぶのに便利なように、楽琵琶とくらべるとやや小ぶり。盲目の僧がお経の伴奏に用いた。

写真提供：国立音楽大学楽器学資料館

薩摩琵琶。武士の教養や生き方のひき語りに用いられた。先端が大きく開いたばちで絃をたたきつけるようなひき方もあり、力強い響き。

写真提供：国立音楽大学楽器学資料館

筑前琵琶。明治時代の中ごろに筑前地方（福岡県）で生まれた。薩摩琵琶と三味線（→p26）の影響を受けている。優美な旋律が特徴。

写真提供：国立音楽大学楽器学資料館

小鼓
こつづみ

Kotsuzumi

日本の伝統芸能のひとつである能や長唄（歌舞伎を中心とした三味線音楽→p17）などで使用される打物、小鼓。
かけ声を入れたり音色を打ちわけたりすることで、
曲や舞台に間のよい多彩なリズムをもたらします。

やわらかい余韻を残す音色

小鼓は、左手で調べ緒を持ち、右耳の横と右肩に軽くあてて、右手で打ちます。打つときは、てのひら全体をつかうのではなく、てのひらの下の部分を軽く枠にふれ、反動をつけて指で下から上に打ちます。このとき、左手でにぎっている調べ緒をしめたりゆるめたりし、さらに打つ指や指の部分をかえることで、数種類の音色を打ちわけることができます。

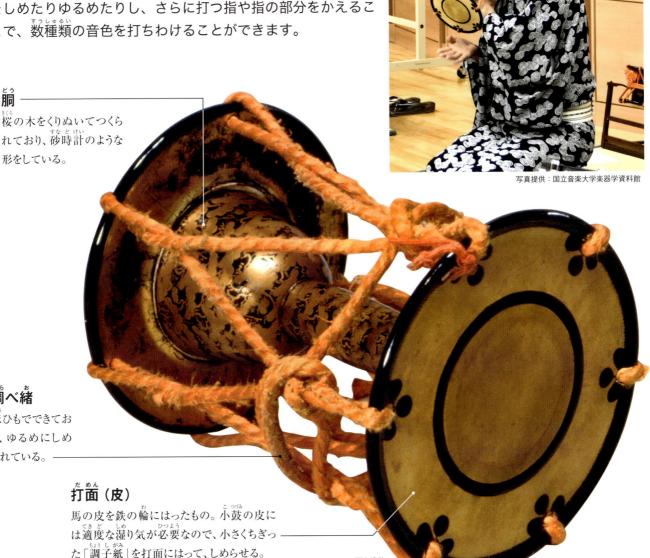

小鼓は構え方も打ち方も独特。
演奏は堅田昌宏さん。
すぐには伸びやかな音が出るようにならない。

写真提供：国立音楽大学楽器学資料館

胴
桜の木をくりぬいてつくられており、砂時計のような形をしている。

調べ緒
麻ひもでできており、ゆるめにしめられている。

打面（皮）
馬の皮を鉄の輪にはったもの。小鼓の皮には適度な湿り気が必要なので、小さくちぎった「調子紙」を打面にはって、しめらせる。

写真提供：
国立音楽大学楽器学資料館

大鼓（おおつづみ）

Ōtsuzumi

大鼓は、小鼓（→p19）とともに能や長唄（→p17）などの曲のリズムをつくっていく役割を持っています。能では「おおかわ」とよばれることも多く、基本の拍をきざんで全体をリードする重要な楽器です。

■高くかわいた音で拍を刻む

大鼓は、小鼓のやわらかな音とくらべ、かん高く鋭い音を出します。演奏前に打面を炭火であぶって水分をとばし、乾燥させることでこのような音になります。左手で持って脇にかかえるように左ひざの上にのせ、右手の中指と薬指を打面に軽くそえ、その状態から右腕を、肩より下に持ちあげ、振りおろすように打ちます。強く打って音を出すため、てのひらと指に鹿の皮でつくったカバーをつけます。音色のちがいはなく、打ち方の強弱による打ちわけがあるのみです。

調べ緒をほどくと、胴と打面（皮）にわけることができる。

写真提供：国立音楽大学楽器学資料館

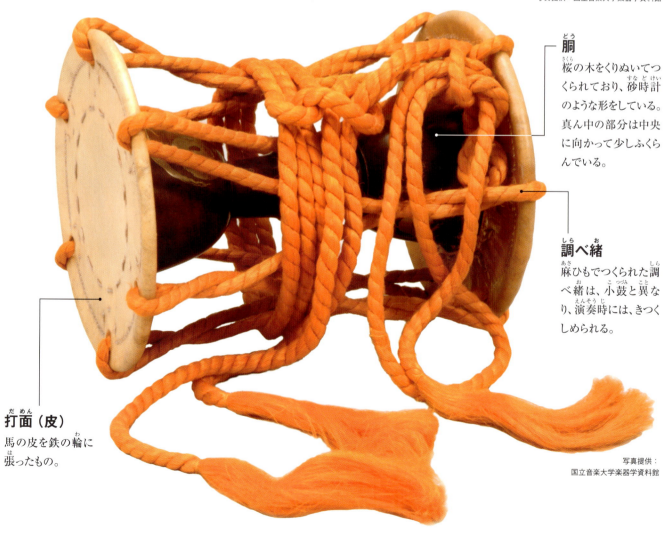

胴
桜の木をくりぬいてつくられており、砂時計のような形をしている。真ん中の部分は中央に向かって少しふくらんでいる。

調べ緒
麻ひもでつくられた調べ緒は、小鼓と異なり、演奏時には、きつくしめられる。

打面（皮）
馬の皮を鉄の輪に張ったもの。

写真提供：
国立音楽大学楽器学資料館

能管
のうかん

Nōkan

能（→p16）では「ふえ」とだけよばれることの多い能管。西洋楽器のような正確な音階を奏でるものではなく、演奏法や演奏者によって、さらに能管一本ごとにも音がちがってくるという、不思議な魅力を持つ楽器です。

頭（かしら）
龍笛（→p11）のように、歌口から頭寄りのところに鉛が入っている。

歌口（うたぐち）
歌口と頭部のさかい目は、みつろうでふさがれている。

のど
この部分には「のど」とよばれる竹の筒が入れられており、能管独特の音を生みだしている。

指孔（ゆびあな）
歌口に近いほうから干、五、上、夕、中、六、下とよぶ。

▍人ではないものの登場を思わせる音色

　能楽の舞台で唯一、旋律を奏でられる楽器が能管です。ただし、楽譜どおりの正確なメロディーをあらわすのではなく、言葉を語っているように聞こえるのが特徴です。「のど」とよばれる独特の工夫をした部分があるため、楽器の音とともにふきつける息の音が目立つほか、「ヒシギ」というかん高いさけび声のような音を出せます。日本の多くの楽器と同じように、能管の演奏者も、旋律を言葉に置きかえた「唱歌＊」という暗記法で節回しを覚えます。

＊ 歌って旋律を覚えたり伝えたりすること。

・もっと知りたい・
能管は年代物が好まれる

　能管は漆を何層にもぬりかさねてつくられ、非常に耐久性にすぐれた笛である。そして吹きこまれるほどに響きが豊かになると考えられていて、つくられてから100年目ぐらいからやっと本領を発揮するとさえいわれる。名人の中には300年以上前につくられた貴重な笛をつかう人もいるほどだ。クラシック音楽で300年ぐらい前のバイオリンによい楽器が多いといわれるのと似ていて興味深い。

写真提供：
国立音楽大学楽器学資料館

箏(こと)

Koto

箏(こと)は、繊細で華やかな音色をもち、管絃合奏、独奏、歌の伴奏に幅広くつかわれ、日本の楽器の中では、一般にも親しまれている楽器です。その姿を龍に見立て、各部に龍になぞらえた名称がつけられています。

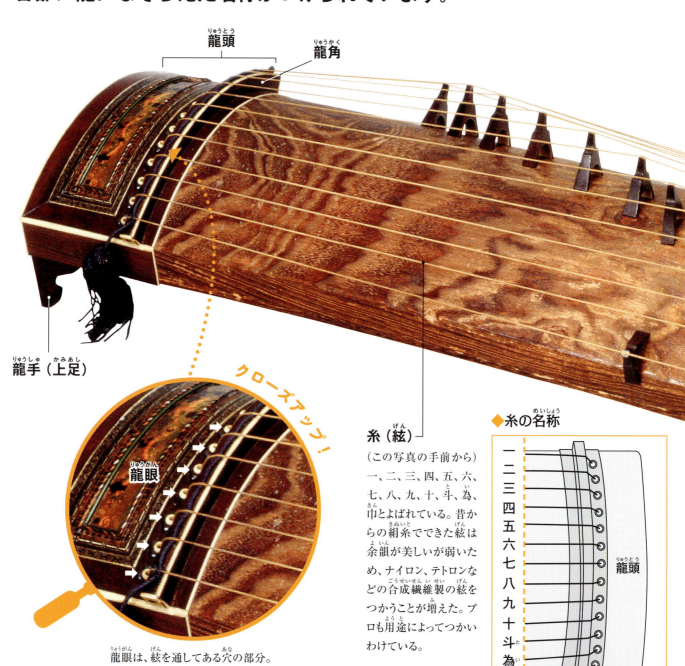

龍頭(りゅうとう)
龍角(りゅうかく)
龍手(上足)(りゅうしゅ・かみあし)

クローズアップ！

龍眼(りゅうがん)

龍眼は、絃を通してある穴の部分。

糸(絃)(げん)

(この写真の手前から)一、二、三、四、五、六、七、八、九、十、斗(と)、為(い)、巾(きん)とよばれている。昔からの絹糸でできた絃(きぬいと)は余韻が美しいが弱いため、ナイロン、テトロンなどの合成繊維製(ごうせいせんいせい)の絃をつかうことが増えた。プロも用途(ようと)によってつかいわけている。

◆糸の名称(めいしょう)

一、二、三、四、五、六、七、八、九、十、斗(と)、為(い)、巾(きん)

龍頭(りゅうとう)

奏者側(そうしゃがわ)

みやびな調べを奏でる弾物

箏の本体は桐の木でつくられていて、中が空洞です。このため、絃をはじいて音をならすと、本体内部の空間が共鳴して響くようになっています。右手の指にはめた爪で、龍角と柱のあいだの絃をはじいて音をならしますが、左手で柱より雲角側の絃をおしたり、おさえたままゆらしたりすることで、音を変化させることもできます。生田流と山田流という2大流派があり、用いる爪の形や楽器の構え方などにちがいがあります。

クローズアップ　箏のひみつ

箏には数多くのなかまの楽器がありますが（→p25）、現在よく演奏される箏は、17世紀に八橋検校*が確立したタイプのもので、それ以前のものと区別するときには「俗箏」とよぶこともあります。

箏はまた、西洋の弦楽器とちがって調弦（調絃）が常に同じでなく、ひく曲や歌う人の声の高さによって変更されます。音の高さは柱を移動させて調整します。

*「検校」は、江戸時代におかれた盲人の官位のひとつ。三味線の名手といわれた八橋検校は、江戸時代はじめに箏を改良したり奏法を新たに考案したりするなどして、箏曲の基本形式を確立した。

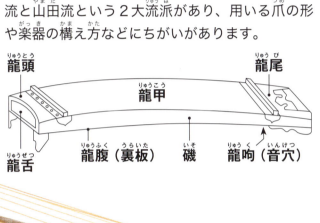

龍頭／龍尾／龍甲／龍舌／龍腹（裏板）／磯／龍吼（音穴）

爪
右手の親指・人差し指・中指にはめる。象牙やプラスチックなどでできている。写真は生田流の爪。

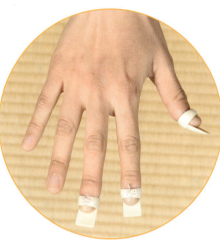

雲角／龍尾／柱／龍趾（下足）／柏葉／尾布

柱
象牙製のものが音がよいが、くじらの骨やプラスチックなどでできたものもある。

写真提供：
国立音楽大学楽器学資料館

・もっと知りたい・
調絃のしかた

調絃は柱の位置で調整する。演奏者から見て右に移動させると音が高く、左に移動させると低くなる。楽器の表面を傷つけないように、柱をうかせるようにして移動させる。

箏の演奏

基本の姿勢とひき方

生田流では爪の角をつかうため、箏に向かってななめに座り、腰の位置は龍角の外側になります。山田流は箏にまっすぐに向かって座り、腰が龍角より内側になります。演奏は絃の龍角より３cmぐらい左側をはじきます。この部分の絃に右手の親指、人差し指、中指の爪をのせます。左手は柱の左側の絃の上に軽くのせておきます。

右手の絃をはじく位置と、左手を置いておく位置。

◆基本の座り方（生田流）

箏に向かってななめに座り、腰が龍角の外側になる。

◆基本の座り方（山田流）

箏に向かってまっすぐに座り、腰が龍角の内側になる。

爪のはめ方

生田流では四角い角爪を、山田流では先がとがった丸爪をつかいます。爪の材質は伝統的には象牙ですが、国際的に取り引きが禁止されて入手しにくくなっているため、現在ではプラスチックでもつくられています。親指、人差し指、中指にはめますが、輪の部分は指によって大きさが異なるのがふつうです。絃をはじいてもぬけたり動いたりしないサイズを選ぶことが大事です。

◆生田流

◆山田流

箏のなかま

ここまで取りあげてきた箏は江戸時代に八橋検校（→p23）が基礎をつくった「俗箏」ともよばれるタイプの箏です。しかし、箏にはたくさんのなかまがあり、江戸時代以前にも長い歴史があります。

和琴

　俗箏は元をたどると奈良時代に中国から伝わってきた箏につながります。

　これとは別に、日本固有の和琴という楽器もあります（「やまとごと」ともよばれます）。古墳時代の遺跡から和琴が発掘されたこともありますが、この種の楽器は雅楽のうち外国から渡来したものではなく、日本オリジナルの国風歌舞（日本古来の歌と舞）の御神楽とよばれる曲種で、今もつかわれています。6本の絃を持ち、本体は尾の方に向かって少し広がっているのが特徴です。柱には樹皮がついた楓がつかわれ、素朴な印象をあたえます。右手に持ったべっこう製でへら状の「琴軋」でかきならしたり、左手の指ではじいたりします。太く力強い音がします。

和琴

写真提供：
国立音楽大学
楽器学資料館

楽箏

　雅楽でつかわれる箏を、俗箏と区別するときに楽箏とよびますが、雅楽の中では単に「箏」とよばれています。

　奈良時代に唐から雅楽の楽器のひとつとして伝わってきたもので、13本の絃を持ち、俗箏などの原形になった楽器です。22〜23ページにあげられた箏の各部分の名称の多くは楽箏からきています。形も俗箏に似ていますが、柱の素材は元は木で、爪もはじく部分には竹がつかわれ、絃は太め、などのちがいがあります。

　雅楽の中の器楽合奏である管絃と、催馬楽とよばれる歌の伴奏につかわれます。ひとつひとつの音をはっきりはじき、曲全体のリズムを刻む役割を果たすところが俗箏と大きく異なる点です。

十七絃

　日本の音楽にも西洋音楽の影響が見られるようになり、大正時代に宮城道雄が西洋音楽の要素を取りいれるようになりました。かれは「春の海」という今では誰もが一度は耳にしたことのある箏と尺八のための名曲をつくっていますが、日本的な雰囲気がするこの曲にも、それまでになかったハーモニーの使用など西洋音楽の影響が見られます。かれは合奏で低音を受けもつ17本の絃の箏も考案し、表現の幅を広げました。

　十七絃は低音であるため絃が太く、柱も大型です。爪も少し厚めのものがつかわれることが多いのですが、単なる低音楽器にとどまらず、それ自体の響きを生かした独奏曲もつくられるなど、活躍の幅が広い楽器となりました。

十七絃

写真提供：
国立音楽大学楽器学資料館

三味線
しゃみせん

Shamisen

三味線は、江戸時代に庶民のあいだで流行し、現在でも広く親しまれている楽器です。
演奏される音楽によって楽器のサイズが少しずつ異なっていて、それぞれ特色ある音色を奏でることができます。

■幅広い音楽で活躍

三味線は、歌舞伎や文楽といった伝統芸能、祭りなどの民俗芸能、民謡など、さまざまな場面で演奏されている楽器です。棹の太さによって、切れのよい音色の細棹（中央写真）、力強い音色の太棹、その中間の中棹と、大きく3種類にわけられます。細棹は長唄など、太棹は義太夫節（文楽）など、中棹は歌舞伎の伴奏音楽の常磐津、清元、上方の地歌でつかわれることが多いようです（→p17）。

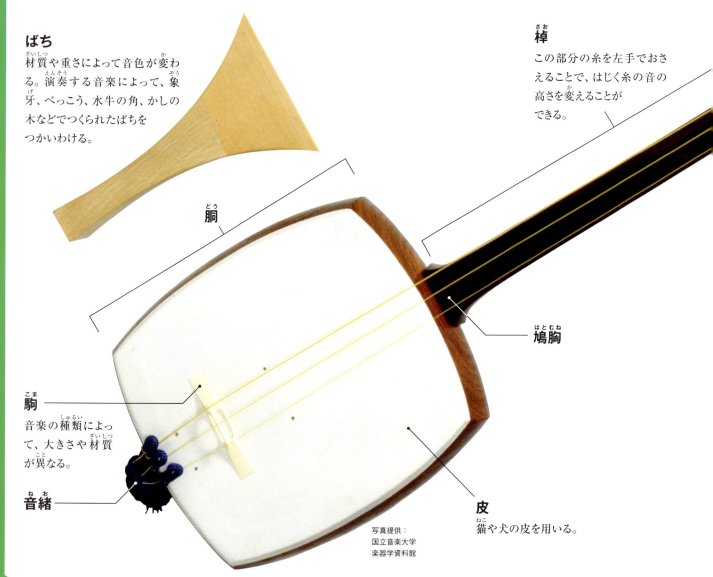

ばち
材質や重さによって音色が変わる。演奏する音楽によって、象牙、べっこう、水牛の角、かしの木などでつくられたばちをつかいわける。

棹
この部分の糸を左手でおさえることで、はじく糸の音の高さを変えることができる。

胴

鳩胸

駒
音楽の種類によって、大きさや材質が異なる。

音緒

皮
猫や犬の皮を用いる。

写真提供：
国立音楽大学
楽器学資料館

クローズアップ　三味線のひみつ

三味線で最も低い音を出せる一の糸は、二の糸、三の糸とちがい、上駒にささえられておらず、サワリ山に直接ふれています。そのため、一の糸をはじくと、サワリ山に絃が不規則にふれて複雑な振動が起こり、ビィーンと共鳴した音になります。これを「サワリ（の音）」といいます。サワリは、二の糸、三の糸をはじいたときも、一の糸が共鳴してなります。このサワリが、三味線独特の複雑な音色をつくりあげています。

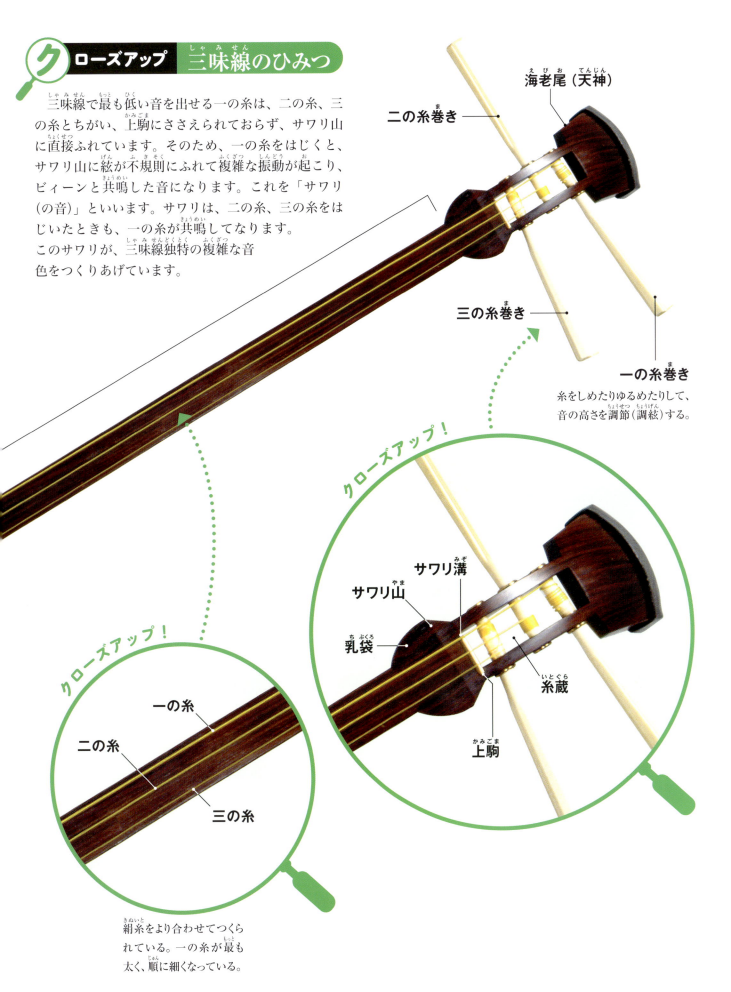

海老尾（天神）

二の糸巻き

三の糸巻き

一の糸巻き
糸をしめたりゆるめたりして、音の高さを調節（調絃）する。

クローズアップ！

サワリ溝
サワリ山
乳袋
糸蔵
上駒

クローズアップ！

一の糸
二の糸
三の糸

絹糸をより合わせてつくられている。一の糸が最も太く、順に細くなっている。

三味線の特徴

　三味線の歴史にはまだわからないことも多いのですが、中国の三弦が元になったと考えられています。この楽器が琉球（今の沖縄）に渡って三線（→p40）となり、16世紀に日本にもたらされたのが三味線です。
　琉球では自国にないニシキヘビの皮を輸入して三線につかいましたが、三味線は三線より大きくなったこともあり、日本で手に入りにくいうえ、幅のせまいヘビではなく、猫や犬の皮をつかうようになったようです。

素材が生みだすちがい

三味線には棹の太さ、胴の大きさや厚み、胴に張られる皮の種類、ばちにさまざまなバリエーションがあります。

写真提供：
国立音楽大学
楽器学資料館

棹

かたくて比重の大きい木がつかわれる。高級な三味線では紅木、その次に紫檀が好まれる。三線では黒木が最も高価で、ほかに黒檀やユシ木など、やはり堅牢な木が好まれる。

写真提供：横井雅子

皮

最近では合成の素材も増えてきたが、プロは今でも天然素材にこだわる。一般的に細棹・中棹には猫皮、太棹には犬皮とされているが、練習用には細棹や中棹でも犬皮がつかわれてきた。猫皮はうすく、軽やかな音がする一方、厚めの犬皮はしっかりと重厚な音を生みだす。

三線につかうニシキヘビの原皮。全長3m以上にもなる。
写真提供：横井雅子

猫の原皮。雌の猫の腹の側をつかう。

犬の原皮。背中の側をつかう。
写真提供：横井雅子

三味線

ばちをつかうことで表現の幅が広がる

　三味線の元になったと見られている中国の三弦は、爪をつけて演奏します。沖縄の三線もこの点は共通しています。しかし、日本に入って三味線となってからはばちがつかわれるようになりました。先が広がった独特な形のばちは、じつは琵琶（→p18）のばちが原形です。この楽器を最初に演奏したのが琵琶法師だったからと考えられています。ばちを取りいれたことで、つまびくよりもダイナミックな表現が可能になり、短い歌の伴奏だけでなく、舞踊や芝居の音楽へ使用されるようになったと考えられています。

三弦
中国の三弦は胴体にニシキヘビの皮が張られることが沖縄の三線と共通する。べっこうやプラスチック製の爪は、粘着テープで指に固定してつかう。

三弦の爪

細かいちがいにこだわる日本人の感性

　人形芝居である文楽の音楽、義太夫は、太夫とよばれる語り手が、何人もの登場人物のせりふ、ナレーション、歌を一手に引きうけます。そのスケールの大きい語りに対応して演奏されるのが、太棹三味線です。先が厚く大振りで、しっかりとした象牙ばちをつかいます。糸をかける駒も、中に鉛をうめこんで重くし、低音がきくようにしてあります。

　一方、同じ太棹三味線でも津軽三味線（→p30）は器楽として発達したため、はっきりとしたちがいがあります。曲芸的に速く演奏することが多いため、ばちは小回りがきくように小さめで先端があまり広がっていない形です。また、強くたたきつける打楽器的なつかい方をするため、先端には、しなりやすいべっこうがはめこまれています。駒は皮にふれる部分が竹で、その上の糸をかける部分は象牙やべっこうを組みあわせたものをつかって、義太夫よりもすっきりとした音を生むようにしています。

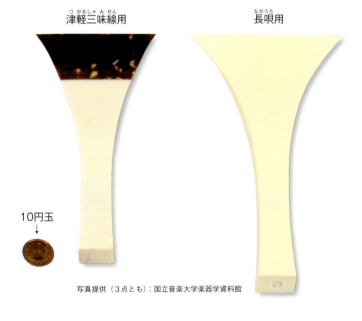

津軽三味線用　　長唄用　　義太夫三味線用

10円玉

写真提供（3点とも）：国立音楽大学楽器学資料館

写真提供：国立音楽大学楽器学資料館

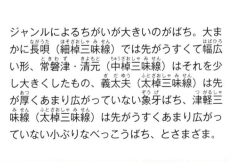

ジャンルによるちがいが大きいのがばち。大まかに長唄（細棹三味線）では先がうすくて幅広い形、常磐津・清元（中棹三味線）はそれを少し大きくしたもの、義太夫（太棹三味線）は先が厚くあまり広がっていない象牙ばち、津軽三味線（太棹三味線）は先がうすくあまり広がっていない小ぶりなべっこうばち、とさまざま。

演奏者に聞いてみよう！

●津軽三味線奏者
武田 佳泉 さん

愛知県生まれ。国立音楽大学音楽文化デザイン学科卒業。14歳より津軽三味線をはじめる。2011年津軽三味線全日本金木大会　一般の部A級優勝。

演奏者に聞きたい♪三味線の魅力♪

Q 三味線を選んだきっかけを教えてください。

A 津軽三味線＊1と初めて出会ったのは、中学校の芸術鑑賞会です。テレビで見て興味を持ち、そのとき初めてきいた生音に感動し、自分もひいてみたいと思ってはじめました。

Q 一日にどれくらい、どのような練習をしていますか？

A 今は練習時間をわざわざ設けるというより、思い立ったら朝でも夜でも楽器を出してさわってひいてみることが多いです。津軽三味線は、ほかの三味線音楽とはちがって、曲のほとんどがアドリブ（即興演奏）です。自分で曲をつくったりアレンジしたりしながら個性を出すことを求められます。津軽三味線の基本の奏法を生かしながら、いかに自分らしさを出せるかというところがとても大切になってくるので、先人たちの音源をきき、フレーズをまねしながら「自分らしさとは？」を常に考えています。

津軽三味線は、太棹とよばれ、とても大きい。子どもも同じサイズのものを演奏する。

Q 三味線を演奏していて大変なことを教えてください。

A むずかしいのは音を正確にとらえることです。ギターのようにフレット＊2がないので、自分の耳をたよりに音程を合わせます。また、津軽三味線は譜面がなく、常にほかの奏者とちがうことをしないとおもしろいと思ってもらえないところがあります。かんたんにいうとクラシックとジャズのようなちがいです。また、津軽三味線はほかの三味線よりも打楽器的な要素が大きく、リズム感も必要です。即興演奏で盛りあげていくのはとても難しいですが、そこがおもしろいところでもあります。

Q 三味線に向いている人（逆に向いていない人）は？

A 楽譜ではなく、おもに師匠からの口伝えで曲を覚えていくので、記憶力がよく、単純なフレーズのくりかえしも根気よく練習できる人が向いているかもしれません。でも、どんなに不器用で苦手でも「この楽器が好き」という気持ちさえあれば、どんなことも続けてできるようになっていくと思います。

＊1 青森県の津軽地方で生まれた三味線の音楽。力強い迫力あるばちさばきと、繊細で哀愁をおびた音色が共存している。
＊2 ネックにはめこまれた棒状の金属。その間の弦をおさえて音を出す。

三味線

Q 三味線を演奏していて一番うれしかったことを教えてください。

A 今、「津軽三味線 輝&輝」というユニットで活動をしています。自分たちが企画したコンサートで、お客さんに「楽しかった」といっていただけることがとてもうれしいです。お客さんと楽しい時間を一緒に過ごせたという実感があると、とてもやりがいがあります。

「輝&輝」の2人が自分たちで企画したコンサートのようす。

Q 三味線の魅力を教えてください。

A 津軽三味線はひとつの楽器で、小さな音から大きな音、澄んだ音から太い音、いろいろな音色を出すことができます。演奏していてたくさんの音色が出せるようになると、とてもおもしろいです。伝統楽器ではありますが、時代に合わせてさまざまな音楽とコラボレーション*3をしてきています。いろいろな楽曲から津軽三味線の音色がきこえてくるので探してみてください。

● おすすめの曲ときこどころ ●

①津軽じょんがら節
津軽三味線の中で最も有名な曲。唄ありきの民謡ですが、唄も三味線も人それぞれのアレンジがあります。歌い手や奏者のちがい、歌い手と奏者のかけひきなどをききわけられるようになると、とてもおもしろいです。

②津軽音頭
津軽三味線を全国に広めた初代 高橋竹山さんが津軽三味線の伴奏を考えた楽曲。三下りという調絃に合わせ、哀愁のあるメロディーになっています。独特のリズムがあり、曲の雰囲気をつくるのがとても難しい曲です。

Q 今後の目標や夢を教えてください。

A 津軽三味線という楽器は少しずつ認知度が上がってきましたが、まだまだきいたことがないという方がたくさんいらっしゃいます。生音の良さをたくさんの方に伝えられる場をつくって、津軽三味線のおもしろさを世界中に伝えていきたいです。

Q 今まで三味線を演奏してきたなかで印象に残っている舞台を教えてください。

A 活動をしているユニット「輝&輝」が10周年のコンサート（2017年）で、師匠を初めてゲストにおよびして一緒に演奏できたことが一生の思い出になっています。そのときに師匠からいただいた「今まで津軽三味線の世界をつくってきた師匠たちの想いを未来につないでいってほしい」という言葉を大切にしながら活動していきたいと思います。

好きな三味線奏者

初代 藤田淳一
音色がとても美しく、多くの津軽三味線奏者からも敬愛される名人。残っている音源は限られていますが、今でも藤田先生のフレーズを参考に曲づくりをしている奏者も多いと思います。

初代 白川軍八郎
高橋竹山さんと同じ時代に津軽三味線の歴史をつくってきた人物。幼少のころ失明し、ボサマ*4になりました。当時まだ発展途上だった津軽三味線のテクニックを向上させ、「津軽三味線の神様」とよばれました。

神谷茂良
わたしが最初から習っている師匠です。神谷師匠の音色の深さに近づきたく、今も音色の追求をしています。唯一無二の三味線を目指して自分の音色、演奏スタイルをつくりあげてきた師匠の姿を近くで見て、津軽三味線奏者としてのあり方を学びました。

---

*3 異なる分野の人や団体が協力しあうこと。
*4 家いえをまわり、門や玄関先で三味線をひいたり、歌をうたったりして、お金やお米をもらったりしていた人たちのこと。

写真提供：武田佳泉

さらにくわしく！
日本の楽器と現代の音楽

日本の楽器は西洋音楽の音高が出しにくく、西洋の楽器とは合わせられないと思われていました。でも、「合わせるのが基本」という先入観からはなれれば、日本の楽器は個性的で、新しさを求める作曲家には魅力的な存在です。

古代からの楽器は、今も人気者

たとえば篳篥。ひとつの音から次の音へなめらかに移ることができます。また、音は強いけれども息の入れ方でふんわりした音色にすることもできます。小さいけれど、表情がいろいろある楽器です。雅楽だけでなく、ポピュラー音楽や現代の創作音楽でもよくつかわれるようになり、一般的にも耳にすることが増えてきました。知らないできいていると、「この曲、いったいどんな楽器で演奏しているのだろう？」と、耳をとらえる力を持っています。

同じく雅楽でつかわれてきた笙は、和音を演奏できることもあって、今は雅楽以外の音楽に登場することが多い楽器といえるでしょう。吹いても吸っても音が出るので、連続して音を出しつづけることができる特徴も、ほかのジャンルの音楽につかってみたくなる理由のひとつかもしれません。凛とした音色が時代を超越した印象をあたえるのも、人気の理由でしょう。

写真提供：山口敦

笙と西洋音楽の楽器による土田豊貴「リファレンスポイント～笙、クラリネット、チェロ、マリンバのための～」演奏のようす。

ジャンルや国境をこえる楽器

　昔は女の子の習い事の定番だった箏は、今ではいろいろな音楽につかわれる楽器となりました。20世紀後半に西洋音楽の作曲家たちのあいだで日本の楽器への注目が高まり、これに応えるかのように箏の演奏者の中からも新しいタイプの曲をつくる人たちが出てきたからです。その背景としては、楽器の改良が進み、絃の数を増やして音域を広げるなどしたこと、さまざまな音域の楽器をオーケストラのように組みあわせやすかったということがあるでしょう。

　これとは別に、日本、中国、韓国の演奏家によるオーケストラなども興味深い活動です。この3か国の楽器はルーツが同じでありながら、長い年月のあいだにそれぞれの地域や民族の好みに合わせて変わっていった親戚のような関係です。共通点とちがいをうまく生かしながら、西洋のオーケストラとはちがった合奏のおもしろさをきかせてくれます。それぞれの国の音楽的な感性のちがいが、楽器を通してうかびあがってきます。

和洋楽器によるコラボレーションで輝&輝「complex」演奏のようす。津軽三味線は打楽器的な演奏と即興も入れられる特徴から、ポピュラー音楽とのコラボレーションが得意だ。

写真提供：輝&輝

絃の数を増やした二十五絃箏、尺八と西洋音楽の楽器によるガーシュウィン「ラプソディー・イン・ブルー」演奏のようす。

大正琴

Taishō goto

その名の通り大正時代に考案された楽器。数少ない日本のオリジナルの楽器ですが、西洋の楽器や道具をヒントにつくられました。演奏がかんたんなので、大変な人気となりました。

■ 和洋折衷で近代的な技術も取りいれられた楽器

大正琴は大正元年である1912年に森田吾郎という人がつくりましたが、その1世紀近く前につくられた二弦琴という楽器がベースになっています。二弦琴は左手に管状のものをはめて弦をおさえ、爪をつけた右手でひき、神道とかかわって演奏されました。一方、大正琴はタイプライターのキーを参考にした音階ボタンでかんたんかつ確実に弦をおさえられるようにし、また宗教ともかかわりをもたなかったことで広く受けいれられました。

- 駒
- 弦
- 響穴
- この端に右手を置くようにして弦をはじく。
- **音階ボタン** 音程を決めて弦をおさえる。
- **天板** 音階ボタンの上に取りつけられた板。
- 糸巻

写真提供：国立音楽大学楽器学資料館

演奏方法

左手で音階ボタンをおさえ、右手にピックを持って弦をひいて音を出します。弓で演奏することもあります。

・もっと知りたい・
大正琴の意外な展開

まだ生まれて1世紀の大正琴ですが、日本で大人気になっただけでなく、アジア各地に伝わり、独自に改良されて現地化しました。インドでは「インディアン・バンジョー」とか「ブルブルタラン」とよばれて愛用されています。日本では音楽の授業に日本の楽器として取り入れる学校も増え、通販でも売れています。

篠笛

Shinobue

篠笛は、細い竹にいくつかの穴を開け、内側に漆をぬっただけのシンプルなつくりの楽器です。長唄（→p17）をはじめ、獅子舞や祭りの囃子（→p39）など民俗芸能でもつかわれていて、和楽器の中でもとくに身近に感じられる音色を持っています。

管の長さで出せる音の高さが変わる

篠笛は、篠竹とよばれる細い竹をつかってつくられます。構造が単純なため、一本で出せる音の高低は、ある程度の幅しかありません。そのため、異なる高さの音が出せるさまざまな長さの篠笛がつくられています。熟練の演奏者は、必要に応じて、長さのことなる何本もの篠笛をつかいわけます。

指孔
基本的には7つ。地方の民俗芸能でつかわれるものには6つ、5つなどのものもある。

歌口

管頭

写真提供：
国立音楽大学楽器学資料館

管尻
割れを防ぐため、管尻と管頭に樹皮を巻いて漆でかためてある。

さまざまな長さの篠笛。音の高さは「調子」であらわし、一番低い「一本調子」から最も高い「十二本調子」まである。数字が大きいほど管が短くなり、出せる音は半音ずつ高くなる。

写真提供：宮本卯之助商店

・もっと知りたい・
シンプルな分、わからないこともいっぱい

篠笛は大変古くから存在し、かつシンプルなつくりで広く愛好されてきました。じつは「シンプル」であり、「広く愛好されて」きたことで、この楽器の詳細は見えにくくなっています。祭り、民謡伴奏のような民俗芸能、歌舞伎、文楽などの古典芸能、落語の出囃子やお座敷音楽などの大衆芸能、とつかわれるジャンルもさまざま。また地域ごとの特色ある芸能と結びついてバリエーションが増えていきます。篠笛の包括的な研究がまだないのは、そんな状況のせいなのです。

長胴太鼓
(ながどうだいこ)

Nagadōdaiko

日本人に最もなじみの深い太鼓。「和太鼓」といえば、この太鼓を思いうかべる人も多いでしょう。盆踊りや祭りのほか、神社でもよくつかわれるため、「宮太鼓」ともよばれます。

鋲(びょう)　胴(どう)　環(かん)
鼓面(こめん)（皮）
ふち(うたぐち)（唄口）

ばち
太めの木のばちをつかうことが多い。

写真提供：
宮本卯之助商店

和太鼓演奏の華やかな主役

鼓面の直径よりも胴のほうが長いため、「長胴太鼓」とよばれます。ケヤキなどの大木の幹をくりぬき、その両側に牛などの皮を張って、びょうでとめます。音量がとても大きく、おなかに響くような深みのある音が出るため、ほかの太鼓と組みあわせて演奏するときにも主役となる太鼓です。

・もっと知りたい・

「和太鼓ブーム」は半世紀前にはじまった

長胴太鼓や桶胴太鼓（→p37）だけでなく、さまざまな和太鼓が伝統芸能以外の場面でも見かけられる。祭りや行事から切りはなして純粋に音楽として和太鼓が取りあげられたのは、今から半世紀前ぐらいのこと。佐渡を本拠地とした団体が人気を博したこともあって、全国各地にプロ、アマチュアさまざまなグループがつくられ、学校で取りくむケースも少なくない。五線譜が読めなくても打つことができ、スポーツ的な楽しさもあるところが人気の秘密ともいわれている。

桶胴太鼓

長胴太鼓にくらべると軽やかな響きの音が出る桶胴太鼓。小型のものは帯をつけて肩から下げ、動きまわったり踊ったりしながら演奏することもできます。

■ 調べ緒の調節で音色をかえられる太鼓

スギやヒノキなどの板を張りあわせ、桶のようにして胴をつくるところから「桶胴太鼓」とよばれます。民俗芸能や、歌舞伎の下座音楽（→p17）などにつかわれることの多い太鼓です。牛などの皮でできた鼓面は固定されておらず、胴の両面においた鼓面どうしを結ぶように、調べ緒でしめます。この調べ緒のしめ方で、音色や音の高さを調整します。

Okedōdaiko

桶胴太鼓は比較的軽いので、肩から下げて動きまわりながら打つこともできる。

写真提供：富士見太鼓の会

鼓面（皮）／調べ緒／胴

ばち
細めの木のばちをつかうことが多い。

写真提供：宮本卯之助商店

さらにくわしく！
さまざまな芸能の中の囃子

日本の音楽には「囃子」がつきものです。囃子は「栄やす」、つまり称賛するとか引き立てるという意味の言葉に由来します。祭りでおこなわれる芸能に囃子がつくことで、場は引き立てられ、良い縁起がよびこまれます。

能・狂言から広まった舞台の囃子

能や狂言では四拍子とよばれる笛（能管）、小鼓、大鼓、太鼓の4種類の楽器が囃子を担当して、舞や演技を引き立たせると同時に、囃子の人が発するかけ声が舞台上の演じる人と演奏者の両方のタイミングを知らせたりもしています（→p16）。

歌舞伎や文楽の囃子でもこの四拍子が中心になりますが、ほかにもいくつもの打楽器が補助的にくわわるので、能・狂言のぴんと張りつめた雰囲気とはちがって、にぎやかで華やかさが目立つようになります。有名な歌舞伎の演目「勧進帳」では舞台の正面にひな壇が設置され、うしろに長唄の唄と三味線、手前に囃子がずらっとならんでいるのを見ることができます。

歌舞伎の囃子と近い関係にある音楽が寄席囃子です。おもに落語や漫才で出演者が登場するときに演奏されるもので、囃子から笛と太鼓、それに歌舞伎の下座音楽でつかわれる三味線などがくわわって、楽しい笑いを引きだすきっかけをつくっています。

祭りをもりたてる囃子

日本各地の祭りでも、囃子が活躍します。ただし、名前は一緒でも、地方によってつかわれている楽器や演奏する曲はさまざまで、非常に幅広いものです。能・狂言からきた囃子と区別する意味で「祭囃子」という言葉もつかわれます。地域の祭りで神輿をかついだり引いたりするのは地元の人たちですが、囃子も同じように地元の人たちがそのときのために集まって練習することが多いので、地域ごとの特色を持つようになりました。多くの場合、横笛（篠笛、龍笛、能管）、各種太鼓がつかわれ、これに当たり鉦（→p39）や三味線が入ることもあります。

神社で神にささげられる舞の神楽（里神楽）も祭礼の一部なので、「祭り」の芸能といえるでしょう。江戸の里神楽では篠笛、長胴太鼓、大拍子とよばれる締太鼓で神話が演じられます。

千葉県香取神宮のおらんだ楽隊の神楽には、西洋音楽の要素も。

当たり鉦の軽やかなリズムがくわわると、場がうきたつ。
写真提供：宮本卯之助商店

神楽殿で演じられる江戸の里神楽（山本頼信社中）と囃子。
写真提供：横井雅子

写真提供：横井雅子

鵠沼皇大神宮の人形山車で演奏される囃子。

写真提供：横井雅子

三線(さんしん)

Sanshin

三線は、沖縄県や奄美群島(鹿児島県南部の島じま)で伝統的につかわれる楽器です。かわいた軽やかな音色を持ち、沖縄・奄美の音楽に欠かせない楽器です。

女絃掛(カラクイ)
天(チラ)
男絃掛(カラクイ)
糸蔵(チルダマイ)
中絃掛(カラクイ)
絃をしめたりゆるめたりして、音の高さを調整する。

■ 沖縄らしさを生みだす音色

三線は、中国の楽器「三弦(サンシェン)」が起源といわれています(→p28)。三味線よりも小ぶりで、木製の胴の表面にニシキヘビの皮が張られているのが特徴です。沖縄がかつて琉球王国だった時代には、宮廷での行事や、「組踊」とよばれる沖縄独自の歌劇の伴奏で演奏されていました。現在でも、三線は沖縄の伝統芸能や民謡に欠かせない存在です。また、いろいろなバンドの演奏につかわれることもあり、沖縄らしい音色として、沖縄以外でも広く知られるようになりました。

クローズアップ！

中絃(ナカヂル)
女絃(ミーヂル)
男絃(ヲゥーヂル)

絃(糸)の素材は、かつては絹だったが、現在はおもにナイロンやテトロン。

• もっと知りたい •
単なる楽器以上の三線の地位

かつての沖縄では、蛇皮張りの高価な三線を持っていることは、その家庭が裕福であることの象徴でもあったという。また、工芸品としての価値も高く、「飾り三線」として漆塗りの箱におさめて大切に飾る文化もあった。こうした伝統は琉球王国時代からのもので、王国滅亡後も三線は家宝として珍重された。このような背景もあり、手軽な楽器になってからは一家にひとつあるほど普及し、島外や外国に移住する際にも人びとは三線を当然のように携えていった。

クローズアップ　三線のひみつ

　よい三線には黒木や黒檀製の棹が重要視されますが（→P28）、楽器である以上、いかによい音を発するかという点ももちろん大事です。棹とちがって外から見えませんが、琉球王国時代の名器とされる三線は「開鐘（ケージョー）」とよばれ、そのような名器の胴をCTスキャンで見てみると、複雑な細工が施されて、音色、余韻、音の透明感などに影響をあたえています。現在は素朴で庶民的な楽器と見なされがちですが、かつては試行錯誤しながら繊細に楽器の音色を発展させたことがわかります。

演奏方法

　沖縄の三線では、三味線のようなばちはつかわず、自分の爪や、指にかぶせてつかう専用のばち（爪）で、太さのちがう3本の絃をはじいて演奏します。爪の素材には、牛や山羊の角、象牙などを用い、合成樹脂製のものもあります。奄美では竹や樹脂製の細長いばち（下写真）をつかいます。

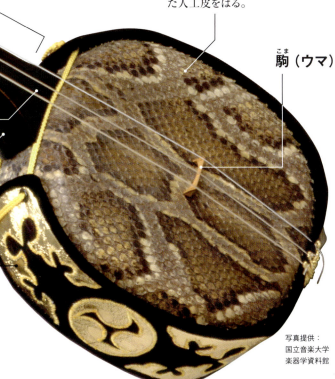

棹（ソー）
この部分の絃を左手でおさえることで、はじく絃の音の高さをかえることができる。

胴（チーガ）
表面にニシキヘビの皮やヘビ柄の模様をプリントした人工皮をはる。

駒（ウマ）

野坂（スンウリ）

鳩胸（ウトゥチカラ）

手掛（ティーガー）

ばち、または爪（チミ）

※（　）内は、沖縄でのよび方。

写真提供：
国立音楽大学
楽器学資料館

南西諸島の打物

奄美や沖縄の楽器は三線だけではありません。南西諸島の音楽らしい生き生きとしたリズムはさまざまな打物によって生みだされ、独特の雰囲気をつくりあげています。

■歌と踊りをいろどる打物たち

鹿児島県の奄美群島と沖縄県は、かつて琉球王国という別の国を形づくっていました。そのため、日本本土とは異なる音楽文化を持っています。楽器としては三線が最もよく知られていますが、音楽がつかわれている場面をよく見てみると、いくつもの打物が登場します。ひもで通した複数の小さな竹の板といったシンプルなものから、大小さまざまな太鼓、また祭りをにぎやかに盛りたてる金属楽器まで、じつに多様です。

三板
文字どおり3枚の木片をひもでつないだ楽器で、沖縄民謡に欠かせない存在。喜納昌永が第二次世界大戦後に考案したとみられている。左手の親指から薬指それぞれのあいだに板をはさみ、親指と小指であいだの板を打ちあわせたり、右手でかきならしたりする。シンプルだが、熟練度がはっきりとあらわれる。

四ツ竹
もともとは琉球古典舞踊（→p44写真）でつかうもので、竹片をふたつずつ両手に持ち、てのひらを開閉して打ちならす。近年では民俗芸能や創作舞踊などにもつかわれる。

写真提供：沖縄観光コンベンションビューロー

平太鼓と締太鼓
宮廷歌舞劇の組踊や各種舞踊で、セットのようにして用いられる。庶民的な舞踊も元は宮廷の舞踊家がつくりだしたものが多く、一般にイメージされる軽快なリズムよりは端正な雰囲気を演出する。

チヂン
鹿児島の奄美群島でつかわれ、島唄や踊りの伴奏に欠かせない太鼓。胴の両側に張られた馬や牛の皮をひもでしめるタイプだが、胴の中央でひもの下に楔が差しこまれており、この楔の突起をたたいて音の高さを調整する。

写真提供：横井雅子

写真提供：国立音楽大学楽器学資料館

クローズアップ エイサーの音楽と踊り

　エイサー*の音楽はパーランクー、締太鼓、大太鼓の打物と、地謡とよばれる三線のひき唄いから成っています。地謡が一同を先導したり、最後尾につきしたがって演奏したりします。これらは伝統的に男性が担ってきました。手踊りとよばれる踊り手の女性は、踊りがおもですが、四ツ竹を手にすることもあります。つかわれる打物は地域によって組みあわせが異なります。

＊沖縄地方でおこなわれる盆踊りの一種。

パーランクー
大太鼓
締太鼓

パーランクー、締太鼓、大太鼓

この3つの打物は沖縄のお盆の芸能エイサーで用いられる。パーランクーは片面の鋲打ち太鼓でばちで打つが、幼児用もあり、エイサーにはじめて参加する子どもはまずこれを手に取る。締太鼓は太鼓の重さで大きく反動をつけて打ち、3つの中でも主要な役割を果たす。大太鼓は一団の先頭に立ち、力強さを強調する。

写真提供：横井雅子

・もっと知りたい・
幻の宮廷音楽

　琉球王国は、中国大陸の大国・明や清からの使節をもてなす音楽や芸能に、国家的事業として取りくんだ。周囲を海に囲まれた小国が存続するための重要な政策と見なされていた。そのうちの「御座楽」は室内楽で、中国で学んだ音楽に基づいているため、琉球や日本ではつかわれていなかった楽器、とくに金属製の打物がふくまれていた。琉球王国の滅亡とともにこの音楽も演奏されなくなり、現在は復元した形でしかきくことができない。

さらにくわしく！

沖縄、奄美の芸能

沖縄や奄美の日常生活には、音楽や踊りが不可欠です。ポップスもさかんですが、若者にも伝統音楽が浸透しています。現在も新たな音楽がつくりだされ、その中で人びとのあいだに残ったものが伝統となっていきます。

琉球王国時代から音楽・芸能を重視

琉球王国時代（1429年から1879年までの約450年間）、琉球は、中国や日本との外交の場面で音楽や芸能をうまく利用しました。武器をとって戦わず、音楽や芸能などを通して友好的に諸外国との関係をきずこうとしたのです。公式な場面で演奏され、演じられるため、担当する人たちも楽正、楽師、楽童子、踊奉行といわれる役人でした。この中には宮廷でのみ演奏されてきた音楽もあり、一般に知られずにとだえてしまったものもあります。琉球王国崩壊後、失業した踊奉行や楽正などが王国の伝統を島じまに伝え、それらの一部は島の年中行事の際の踊りや芝居として生きのこりました。小さな島に優雅な踊りや衣裳が伝わっているのは、そうした理由からです。

また、江戸時代には、本土では三味線は庶民の楽器という位置づけでした。しかし、沖縄の三味線である三線は高貴な楽器として、非常に大事にされてきました。沖縄の庶民がこの大切な三線をひくようになったのは、明治以降のことといわれています。

琉球王国時代の古典舞踊「四ツ竹」は、中国からの使節をもてなす中秋の宴で舞われた。

写真提供：横井雅子

日常生活をいろどるさまざまな音楽

　現在、奄美群島は鹿児島県ですが、この一帯は17世紀初頭まで琉球王国の領土でした。そのため、奄美群島の文化には、沖縄と共通する要素が見られます。そのひとつ、島唄は民謡をさす言葉で、奄美から沖縄に広まったとされています。奄美は琉球、薩摩、アメリカ（第二次世界大戦後、1953年までアメリカ領）、日本と、次つぎに支配者がかわり、きびしい生活を強いられました。沖縄の島唄にくらべて裏声をつかって言葉が聞きとりにくいのは、本心をさとられにくくしたからだともいわれています。ポピュラー音楽で活動する奄美出身者には島唄のスタイルをとる人もいます。島唄には、だれもがひくことのできる三線が伴奏でつかわれます。

　一方、沖縄では、昭和に入ってから新民謡がたくさんつくられました。沖縄出身で大阪でレコード会社を設立した普久原朝喜、その息子の恒勇が多くの新民謡をつくり、中でも恒勇の「芭蕉布」は沖縄で知らない人はいないほどの名曲です。新民謡では三線だけでなく、西洋楽器もよくつかわれています。20世紀末からは沖縄ブームにのって沖縄の言葉や沖縄の楽器、発声などを生かした「ウチナー・ポップス」が大流行します。シンセサイザー、ドラムスなどと三線、各種の太鼓などがうまく組みあわされて、ききやすい沖縄風音楽が提供されています。

普久原朝喜がつくった新民謡は、SP、LP、さらにはCD化されて今もきかれている。
写真提供：普久原音楽事務所

写真提供：横井雅子

沖縄では、民謡を生演奏で楽しめて、客もいっしょに歌って踊れる民謡酒場が、地元の人にも観光客にも人気。

沖縄では楽器や民謡を習い、師範の資格を持つ人が多い。沖縄の芸能大会のようす。

さくいん

あ行

- 当(あ)たり鉦(がね)……………………38、39
- 奄美(あまみ)(群島(ぐんとう))……40、41、42、44、45
- アメリカ……………………………45
- 生田流(いくたりゅう)……………………23、24
- 一柳慧(いちやなぎとし)……………………………9
- インディアン・バンジョー……34
- 御座楽(うざがく)……………………………43
- 謡(うたい)……………………………………16
- ウチナー・ポップス……………45
- 打物(うちもの)………5、12、13、19、42、43
- 大太鼓(うふでーくー)……………………………43
- エイサー……………………………43
- 越殿楽(えてんらく)……………………………6
- 江戸時代(えどじだい)……………14、25、26、44
- 塩梅(えんばい)……………………………10
- オーケストラ………………9、33
- 大鼓(おおつづみ)……………………16、20、38
- 沖縄(おきなわ)(県)……28、29、40、41、42、43、44、45
- 桶胴太鼓(おけどうだいこ)……………………36、37
- 踊奉行(おどりぶぎょう)……………………………44

か行

- 雅楽(ががく)………6、8、9、10、11、12、13、15、18、25、32
- 楽師(がくし)……………………………44
- 楽正(がくせい)……………………………44
- 楽箏(がくそう)……………………………25
- 楽太鼓(がくだいこ)……………………12、13
- 楽童子(がくどうじ)……………………………44
- 楽琵琶(がくびわ)……………………………18
- 神楽笛(かぐらぶえ)……………………………11
- 鹿児島(かごしま)(県)………18、40、42、45
- 飾(かざ)り三線(さんしん)………………………40
- 鞨鼓(かっこ)……………………………12
- 歌舞伎(かぶき)……17、19、26、35、37、38

- 上方(かみがた)……………………………26
- 神谷茂良(かみやたかふみ)……………………31
- 管楽器(かんがっき)…………………5、9、11
- 管絃(かんげん)…………………………13、25
- 韓国(かんこく)……………………………33
- 勧進帳(かんじんちょう)……………………………38
- 輝&輝(きぎ)………………………31、33
- 義太夫(ぎだゆう)(節)……………5、17、26、29
- 狂言(きょうげん)……………………………16、38
- 清元(きよもと)……………………………17、26
- 宮内庁楽部(くないちょうがくぶ)……………………………9
- 国風歌舞(くにぶりのうたまい)……………………………25
- 組踊(くみおどり)……………………………40
- クラシック音楽(おんがく)……………………21
- ケージョー(開鐘)……………………41
- 下座音楽(げざおんがく)……………………17、37、38
- 弦楽器(げんがっき)……………………………5
- 源氏物語(げんじものがたり)……………………………15
- 現代音楽(げんだいおんがく)……………………………9
- 小鼓(こつづみ)……………16、19、20、38
- 古典芸能(こてんげいのう)……………………………35
- 箏(こと)……9、22、23、24、25、33
- 古墳時代(こふんじだい)……………………………25
- 高麗笛(こまぶえ)……………………11、13
- コラボレーション………………31

さ行

- 催馬楽(さいばら)……………………………25
- 棹(さお)……………………26、28、41
- 薩摩(さつま)(藩(はん))…………………18、45
- 薩摩琵琶(さつまびわ)……………………………18
- 佐渡(さど)……………………………36
- 里神楽(さとかぐら)……………………………38
- サワリ……………………………27
- 三管(さんかん)……………………………10
- 三鼓(さんこ)……………………9、12、13
- 三弦(さんげん)……………………28、29、40

- 三線(さんしん)………28、29、40、41、42、43、44、45
- 三ノ鼓(さんのつづみ)……………………………13
- 三板(さんば)……………………………42
- 柱(じ)……………………23、24、25
- 地歌(じうた)……………………………26
- 地謡(じうたい)……………………………43
- 地歌舞伎(じかぶき)……………………………5
- 獅子舞(ししまい)……………………………35
- 篠笛(しのぶえ)……………………35、38
- 四拍子(しびょうし)……………………………38
- 島唄(しまうた)……………………………45
- 締太鼓(しめだいこ)……………………………38
- 締太鼓(しめでーくー)……………………42、43
- 尺八(しゃくはち)………………4、14、15
- 三味線(しゃみせん)……5、19、26、27、28、29、30、31、38、40、41、44
- 十七絃(じゅうしちげん)……………………………25
- 笙(しょう)………6、7、8、9、10、32
- 唱歌(しょうが)……………………………21
- 鉦鼓(しょうこ)……………………12、13
- 正倉院(しょうそういん)……………………………15
- 白川軍八郎(しらかわぐんぱちろう)(初代(しょだい))……31
- 調(しら)べ緒(お)………………19、20、37
- 清(しん)……………………………43
- シンセサイザー…………………45
- 新富座子供歌舞伎(しんとみざこどもかぶき)…………17
- 新民謡(しんみんよう)……………………………45
- 西洋音楽(せいようおんがく)…………………25、32、33
- 西洋楽器(せいようがっき)……………………………21
- 創作音楽(そうさくおんがく)……………………………32
- 俗箏(ぞくそう)……………………23、25

た行

- 太鼓(たいこ)……………………16、38、42
- 大衆芸能(たいしゅうげいのう)……………………………35
- 大正琴(たいしょうごと)……………………………34

見出し	ページ
大正時代	25、34
大拍子	38
打楽器	5、38
高橋竹山	31
武田佳泉	30
武満徹	9
太夫	29
筑前琵琶	18
チヂン	42
中国	6、10、11、15、25、28、29、33、40、43、44
中棹	26
中棹三味線	29
調絃（弦）	23
朝鮮半島	11、13
津軽音頭	31
津軽三味線	4、5、29、30、31、33
津軽じょんがら節	31
爪	23、24、25、29、34、41
釣太鼓	13
手踊り	43
出囃子	35
伝統芸能	36、40
唐	15
常磐津	17、26
ドラムス	45

な行

見出し	ページ
長唄	5、17、19、20、26、35、38
長胴太鼓	36、37、38
奈良時代	6、10、11、18、25
南西諸島	42
二弦琴	34
ニシキヘビ	28、40、41
日本	4、5、6、14、16、17、18、19、22、25、28、32、33、34、38、43、44
能	16、19、20、21、35、38
能管	16、21、38

は行

見出し	ページ
パーランクー	43
バイオリン	21
芭蕉布	45
ばち	4、5、12、13、18、26、28、29、36、37、41
囃子	16、35、38
春の海	25
弾物	5、9、23
篳篥	9、10、11、32
平太鼓	42
琵琶	9、18、29
琵琶法師	29
吹物	5、9
普久原朝喜	45
普久原恒勇	45
藤田淳一（初代）	31
太棹	26
太棹三味線	5、29
フリーリード	7
ブルブルタラン	34
フレット	30
豊英秋	9
文楽	17、26、29、35、38
平安時代	15
平家琵琶	18
平家物語	18
鳳笙	6
法隆寺	15
細棹	26
細棹三味線	5、29
ポップス	44
ポピュラー音楽	32、45
盆踊り	36

ま行

見出し	ページ
祭り	26、35、36
祭囃子	38
三浦礼美	8、9
御神楽	25
宮城道雄	25
宮太鼓	36
宮田まゆみ	9
明	43
民俗芸能	26、35、37
民謡	26、40、45
盲僧琵琶	18
森田吾郎	34

や行

見出し	ページ
八橋検校	23、25
山田流	23、24
大和笛	11
四ツ竹	42
指孔	10、11、15、35
横笛	11
寄席囃子	38

ら行

見出し	ページ
龍角	22、23、24
琉球（王国）	28、40、42、43、44、45
龍笛	9、10、11、38
蘆舌	10

わ行

見出し	ページ
和琴	25
和太鼓	36

■監修
国立音楽大学／国立音楽大学楽器学資料館

■監修主幹
中溝一恵（なかみぞかずえ）（第1巻～第3巻担当）
国立音楽大学楽理学科卒業。同大学楽器学資料館学芸員を経て現在、国立音楽大学教授・楽器学資料館副館長。

横井雅子（よこいまさこ）（第4巻・第5巻担当）
桐朋学園大学音楽学部作曲理論学科卒業。東京藝術大学大学院音楽研究科音楽学専攻修了。現在、国立音楽大学教授・楽器学資料館館長。

神原雅之（かんばらまさゆき）（第6巻担当）
国立音楽大学教育音楽学科卒業。広島大学大学院学校教育研究科音楽教育専攻修了。2004年から国立音楽大学教授（2018年3月退任）。

■協力
国立音楽大学

■執筆
横井雅子

■取材協力
三浦礼美（笙）、武田佳泉（津軽三味線）

■撮影協力
吉葉景子（箏）

この本の情報や演奏者の所属は、2018年2月時点のものです。今後変更になる可能性がございますので、ご了承ください。

■編集・デザイン
こどもくらぶ
（二宮祐子・村上奈美・矢野瑛子）

■制作
（株）エヌ・アンド・エス企画

■演奏者撮影（箏）
小島真也

■写真協力（敬称略）
p15：尺八の演奏／hyde / PIXTA
p17：浜松市楽器博物館
p41：三線の演奏／©L.tom-Fotolia.com
表紙：三味線、琵琶、小鼓、尺八、箏／国立音楽大学楽器学資料館
大扉：笙／国立音楽大学楽器学資料館、津軽三味線演奏／輝&輝、沖縄の芸能大会／横井雅子
裏表紙：長胴太鼓／宮本卯之助商店

■おもな参考文献
沖縄県立博物館・美術館監修・編集『三線のチカラ―形の美と音の妙―』沖縄県立博物館・美術館、2014年
遠藤徹『雅楽を知る事典』東京堂出版、2013年
小島美子監修『日本の伝統芸能講座 音楽』淡交社、2008年
田中健次『図解 日本音楽史』東京堂出版、2008年
田中悠美子、野川美穂子、配川美加編著『まるごと三味線の本』青弓社、2009年
西川浩平『カラー図解 和楽器の世界』河出書房新社、2008年
『日本音楽基本用語辞典』音楽之友社、2007年
服部幸雄監修『日本の伝統芸能講座 舞踊 演劇』淡交社、2009年
三浦裕子『能・狂言』日本文芸社、2010年

演奏者が魅力を紹介！ 楽器ビジュアル図鑑 **5 日本の楽器** 箏 尺八 三味線 ほか　　N.D.C.768

2018年4月	第1刷発行
2023年2月	第2刷

監修	国立音楽大学／国立音楽大学楽器学資料館
編	こどもくらぶ
発行者	千葉 均　　編集　浦野由美子
発行所	株式会社ポプラ社
	〒102-8519　東京都千代田区麹町4-2-6　8・9F
	ホームページ www.poplar.co.jp
印刷	瞬報社写真印刷株式会社
製本	株式会社難波製本

Printed in Japan
●落丁・乱丁本はお取り替えいたします。
　電話（0120-666-553）または、ホームページ（www.poplar.co.jp）のお問い合わせ一覧よりご連絡ください。
　※電話の受付時間は、月～金曜日10時～17時です（祝日・休日は除く）。
●本書のコピー、スキャン、デジタル化等の無断複製は著作権法上の例外を除き禁じられています。
　本書を代行業者等の第三者に依頼してスキャンやデジタル化することは、たとえ個人や家庭内での利用であっても著作権法上認められておりません。

47p 29cm
ISBN978-4-591-15745-9

演奏者が魅力を紹介！
楽器ビジュアル図鑑
全6巻

1 弦楽器・鍵盤楽器
バイオリン　ピアノ　ほか
55ページ　N.D.C.763

2 木　管　楽　器
フルート　サクソフォン　ほか
55ページ　N.D.C.763

3 金　管　楽　器
トランペット　ホルン　ほか
47ページ　N.D.C.763

4 打楽器・世界の楽器
ティンパニ　馬頭琴　ほか
55ページ　N.D.C.763

5 日　本　の　楽　器
箏　尺八　三味線　ほか
47ページ　N.D.C.768

6 いろいろな合奏
オーケストラ　吹奏楽　ほか
47ページ　N.D.C.764

監修 **国立音楽大学／国立音楽大学楽器学資料館**
編 **こどもくらぶ**

小学校中学年～中学生向き
A4変型判
図書館用特別堅牢製本図書

ポプラ社はチャイルドラインを応援しています

18さいまでの子どもがかけるでんわ
チャイルドライン®
0120-99-7777
毎日午後4時～午後9時
電話代はかかりません　携帯（スマホ）OK

18さいまでの子どもがかける子ども専用電話です。
困っているとき、悩んでいるとき、うれしいとき、
なんとなく誰かと話したいとき、かけてみてください。
お説教はしません。ちょっと言いにくいことでも
名前は言わなくてもいいので、安心して話してください。
あなたの気持ちを大切に、どんなことでもいっしょに考えます。

チャット相談はこちらから

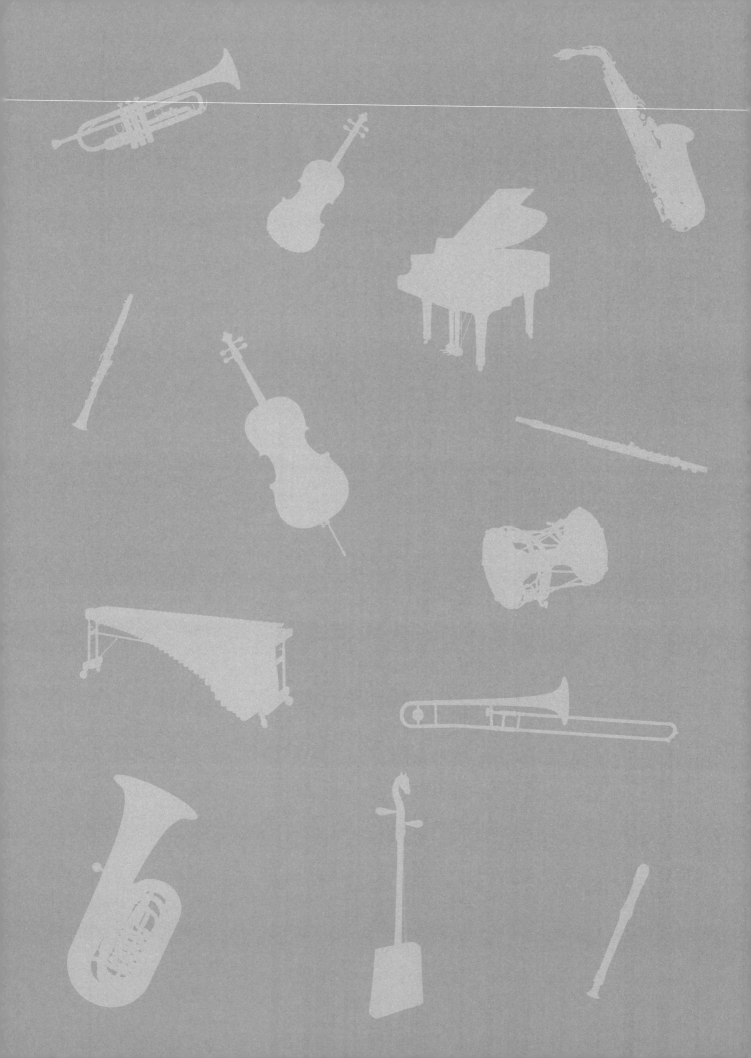